DES FIGURES
COLOSSALES,

CONSIDÉRÉES PRINCIPALEMENT

SOUS LE RAPPORT DES IDÉES MORALES QUE L'ANTIQUITÉ Y ATTACHAIT.

Par M. RAOUL-ROCHETTE,

MEMBRE DE L'ACADÉMIE ROYALE DES INSCRIPTIONS ET BELLES-LETTRES.

Il ne s'est pas encore écoulé une année entière depuis le rétablissement d'une statue qui est devenu un des grands événements de notre époque, et cette statue, exposée à tous les regards sur le plus glorieux monument de la capitale, est trop présente à vos souvenirs, pour qu'il soit besoin de vous la rappeler. Ce n'est pas à moi qu'il convient de dire jusqu'à quel point cette représentation d'un grand homme a satisfait l'opinion publique, tout en exprimant une idée populaire. Peut-être viendra-t-il un temps où l'on reconnaîtra qu'il fallait un autre costume à une figure héroïque, érigée sur un pareil piédestal; et peut-être alors cette figure ne sera-t-elle plus qu'un monument d'une grande erreur, au lieu d'être celui d'une grande renommée. Mais en attendant, l'on n'a pas dû être surpris qu'il soit venu à plusieurs

4.

personnes l'idée de consacrer à Napoléon une statue colossale, comme le seul monument digne de lui, comme la seule manière de rendre matériellement sensible la grandeur de son génie. C'est l'effet naturel que produit sur les imaginations contemporaines un mérite immense, de chercher à y égaler les témoignages de leur admiration ; et de toutes les illusions auxquelles peut donner lieu le culte des héros, la plus honorable sans doute pour ceux qui l'éprouvent, comme la plus flatteuse pour ceux qui l'inspirent, est de se représenter l'homme qui domina tout son siècle par la puissance de ses facultés, comme un être supérieur à l'humanité. De là l'idée des colosses, puisque l'art n'avait guère de moyen plus facile que celui-là, pour exprimer ce sentiment, pour le traduire à sa manière ; et il faut bien que ce soit là un instinct de notre nature, plus encore qu'un résultat de notre civilisation, puisque l'antiquité, avec des mœurs, des institutions, des croyances si différentes des nôtres, et si différentes entre elles, nous offre à peu près le même phénomène. Vous me permettrez de vous soumettre à ce sujet quelques observations qui répondent à une pensée publique, à un intérêt actuel ; car c'est là une occasion si rare, pour nous autres antiquaires, qui vivons presque tout entiers dans le passé, presque toujours en dehors de notre pays et de notre siècle, et cette occasion est si favorable, que vous m'excuserez de la saisir.

Le goût des figures colossales régna dans toute l'antiquité ; son origine se confond avec la naissance de l'art ; et l'étymologie du mot même qui exprime l'idée de *colosse* est incertaine et obscure, comme presque tout ce qui se cache dans la nuit des temps, dans l'enfance des langues et dans le berceau des nations. Du moment que les hommes s'essaient à l'imitation, d'une main encore inhabile, ils prennent facilement la grandeur matérielle pour le signe de la grandeur morale ; et il y a long-temps que l'on a dit, avec toute justesse, que les peuples enfants n'ont d'autre manière de représenter un grand homme, que de faire un homme grand. Cela fut surtout vrai des Égyptiens, dont l'art était fondé sur un système d'expressions symboliques, et que leur génie portait naturellement aux grandes entreprises. L'Égypte entière fut donc remplie de *colosses* de toute espèce ; car les temples, avec leurs *pylones*, leurs *colonnes*, leurs *obélisques*, leurs *avenues* de *sphinx*, furent exécutés dans le goût et dans les proportions du colosse, de même que les *statues* et les *bas-reliefs*, où le principal personnage, *dieu*, *prince* ou *héros*, se distingue toujours de tout ce qui l'entoure, par une stature gigantesque. En un mot, l'idée du *colosse* domine tellement dans toutes les productions de l'art égyptien, elle s'est tellement identifiée avec cet art même, que l'on aurait peine à les concevoir l'un sans l'autre. C'est l'effet que produisit sur l'antiquité grecque et romaine l'Égypte, alors toute couverte de monuments semblables ; c'est celui qu'elle produit encore sur nous-mêmes, dans les débris informes qui lui restent de cette décoration imposante, dans ces deux colosses de Memnon, tout mutilés qu'ils nous apparaissent (1), dans ce sphinx colossal, tout enfoui qu'il est aux trois quarts sous les sables du désert ; et le sentiment du *colossal* était si profondément entré dans les habitudes du goût égyptien, qu'il se retrouve jusque dans les plus petites productions de cet art, et qu'il y donne aux moindres objets quelque chose de grandiose.

L'art antique de la Haute-Asie nous offre, dans le peu de notions que nous en possédons, et dans les rares monuments qui en subsistent, le même phénomène, avec une particularité nouvelle ;

---

(1) Au sujet de ces deux célèbres colosses, et d'une tête qui doit avoir appartenu à une statue colossale de vingt-quatre pieds, et qui porta jusqu'à ces derniers temps le nom du *Jeune Memnon*, au musée Britannique, on consultera avec fruit un Mémoire du savant antiquaire anglais, feu M. Noehden, dans l'*Amalthea*, t. II, p. 125-173, avec les observations de l'éditeur, l'illustre M. Boettiger, p. 174-190.

c'est que les figures colossales y furent généralement sculptées
dans le roc. Tel est, en effet, le caractère essentiellement propre
à l'archéologie asiatique, qu'on y trouve les grandes masses de
la nature employées comme les seuls éléments qui pussent servir
à éterniser la gloire et l'ambition des princes, de concert avec
les œuvres de la main de l'homme, toujours trop imparfaites et
trop bornées. C'était en perçant, en taillant des montagnes
entières, sur la face aplanie desquelles se détachaient d'immenses
bas-reliefs, et se projetaient d'énormes figures; c'était, en ajou-
tant ainsi, par un travail prodigieux, à l'effet extraordinaire de
rocs indestructibles, que l'art babylonien savait honorer les maîtres
de ces vastes empires, de la seule manière qui pût répondre à
l'idée qu'ils se faisaient eux-mêmes de leur puissance. De là ces
récits fabuleux de monuments, tels que ceux de Sémiramis, qui
aurait converti toute une montagne en une immense page de
sculpture, et dont les voyageurs modernes nous ont appris que
l'invention, toute merveilleuse qu'elle pouvait paraître, avait
pourtant un fondement réel (1). Nous savons en effet qu'un
groupe considérable de montagnes, situé sur la route antique de
Babylone à Ecbatane, et qui répond au mont *Bagistan* de l'histoire ancienne (2), offre, en divers endroits et à diverses hauteurs,
des sculptures appartenant aux principales dynasties de la Médie
et de la Perse. La plus remarquable de ces sculptures consiste en un
immense bas-relief, exécuté à une grande hauteur, mais malheu-
reusement trop dégradé pour qu'on ait pu en saisir la composition
entière. Le tout a été renfermé dans une excavation ou cadre,
d'un développement énorme, où la plupart des figures n'apparaissent plus maintenant que comme des masses informes, privées

---

(1) Ker Porter, *Travels*, t. II, p. 15o, suiv., pl. 59, 60, 61.
(2) Diodor. Sic., 11, 13 ; voy. Sylvestre de Sacy, *Mémoir. sur div. antiquit. de
la Parse*, p. 228, not. 20; Hock, *Veter. Med. Monum.*, p. 107, 116, etc.

de détails, mais où l'on peut encore en distinguer quelques-unes
moins maltraitées par le temps, d'un relief considérable, d'une
proportion fortement colossale, qui se reconnaissent à leurs vi-
sages barbus, à leurs costumes médiques, pour de grands personnages d'une monarchie asiatique. Si ce n'est pas là le mont
Bagistan, sculpté par l'ordre de Sémiramis, c'est du moins une
montagne presque du même nom, qui se rencontre précisément
à la même place, encore toute couverte de sculptures colossales,
dont les plus anciennes sont antérieures à Cyrus : d'où l'on voit
que la science moderne est bien près d'avoir justifié sur ce point
la tradition ancienne.

C'est aussi ce qui arrive par rapport à des monuments d'un
genre analogue et sans doute encore d'une bien plus haute antiquité, dont on avait nié l'existence, faute de pouvoir la constater.
Car, il faut le dire, les savants manquent rarement l'occasion de se
faire un mérite même de ce qu'ils ignorent, en mettant sur le compte
de l'antiquité les erreurs qu'ils lui prêtent, comme les fautes qui leur
appartiennent. En parlant des conquêtes de Sésostris en Asie, et
des monuments qu'il y avait laissés sur sa route, Hérodote
assurait (1) qu'il avait vu lui-même plusieurs des images de ce roi,
sculptées dans le rocher, en Phénicie et ailleurs. Il ajoutait que
deux de ces figures, de proportion colossale, avec une inscription
en caractères hiéroglyphiques allant d'une épaule à l'autre, se
trouvaient encore de son temps sur la route qui conduisait de
Sardes à Smyrne, et sur celle d'Éphèse à Phocée. Des détails si
précis, si positifs, n'avaient pas empêché des savants de notre âge,
bien mieux informés sans doute des choses de l'Égypte et de la
Grèce que n'avait pu l'être le Grec Hérodote, après avoir si long-
temps observé la Grèce et l'Égypte, de rejeter parmi les fables
les conquêtes de Sésostris et les monuments qu'on en citait. Mais

____

(1) Herodot., lib. II, c. 106, t. I, p. 720, ed. Creuzer.

voilà que, de nos jours, en 1833, un voyageur vient de s'assurer
par ses propres yeux, qu'il existe près de l'ancienne Béryte, en
Syrie, une de ces images de Sésostris, sculptée dans le roc, avec
une inscription hiéroglyphique effacée à dessein, mais où se lit
encore le nom du Pharaon Ramsès, et avec une inscription persé-
politaine, qui date sans doute du temps de Cambyse (1). Le récit
d'Hérodote reçoit ainsi, après vingt-cinq siècles, une éclatante con-
firmation; et ce n'est pas simplement le caractère de l'historien qui
sort victorieux de cette nouvelle épreuve; c'est toute une série de
témoignages historiques qui acquiert une valeur nouvelle, au
moyen d'un seul fait que nous recouvrons; et c'est ainsi que, de
jour en jour, l'antiquité regagne dans notre estime, à mesure
qu'elle se recompose elle-même.

Je pourrais, sans sortir de mon sujet, mais non pas peut-être
sans abuser de votre attention, multiplier les exemples de ces
vérités historiques, admises enfin comme telles, après avoir été
long-temps traitées de mensonges. Mais vous me permettrez de
vous faire part d'une conjecture qui m'a été suggérée par l'obser-
vation des antiquités asiatiques. Ces monuments consistent généralement, comme je l'ai dit, en sculptures de proportion colossale,
exécutées dans le roc, à une certaine hauteur. Telles sont les
tombes royales des deux puissants princes Achéménides, Darius et
Xerxès, pratiquées dans l'épaisseur de la montagne voisine des
ruines de Persépolis, et ornées à l'extérieur de grands bas-reliefs,
où le monarque est représenté dans tout l'appareil de son pouvoir suprême, debout, sur une estrade qui paraît formée de plu-

---

(1) Les détails de cette intéressante découverte, déjà connus de feu M. Cham-
pollion jeune (voy. la 1re édit. de son *Précis*, p. 221), sont donnés dans le *Bulletin
de l'Institut archéologique*, 1834, janvier, p. 30-32, d'après une lettre de M. Bun-
sen, ministre de Prusse à Rome; la figure du bas-relief, dessinée dans le Voyage
de Cassas, T. II, pl. 78, semble bien appartenir à l'antiquité égyptienne.

sieurs rangs de figures. Telles sont encore les sculptures taillées dans la montagne de Schapour, qui ont rapport au trait si célèbre de la défaite et de la captivité de l'empereur Valérien, et qui représentent le monarque persan, Sapor, dominant, par sa stature gigantesque, toutes les figures qui l'entourent, ses sujets debout, comme ses ennemis abattus, l'un desquels, renversé à terre, n'a pas moins de seize pieds de long (1). En rapprochant ces sculptures de Persépolis et de Schapour, de celles qu'offre encore le mont Bagistan, et en y joignant par la pensée tous les monuments semblables qui durent exister dans la Haute-Asie, du temps où florissaient ces grands empires, dont la chute n'a laissé qu'un vaste abîme dans l'histoire, on cesse d'être surpris de l'idée que des écrivains ont prêtée à Alexandre, et qui semblait n'avoir pu prendre naissance que dans l'exaltation d'un pouvoir en délire, que dans l'ivresse d'un succès prodigieux ; l'idée de faire sculpter le mont Athos à son image, et de tailler cette montagne en une statue, qui eut porté dans sa main gauche une ville de dix mille habitants, et qui, de la main droite, eût versé un fleuve entier dans la mer (2). L'antiquité connaissait l'architecte qui avait conçu ce projet ; et l'on faisait honneur de l'avoir rejeté à la modestie d'Alexandre. Mais peut-être que la modestie du conquérant macédonien, qui se prétendait fils d'un dieu, et qui, tout en voulant le persuader aux autres, semblait avoir fini par le croire lui-même, n'eut point ici le mérite qu'on lui attribuait. Peut-être qu'en effet Alexandre, frappé, comme il devait l'être, du spectacle des monuments gigantesques de l'Asie, et comme étonné de sa propre grandeur, en voyant prosternées à ses pieds toutes les grandeurs de la Perse,

---

(1) Ces sculptures de la montagne de Schapour ont été soigneusement décrites et dessinées par le voyageur anglais Morier, *Prem. Voyage*, p. 86, pl. IX, X, XI, XII et XIII.

(2) Vitruv., *De Architect.*, lib. II, præfat., § 2; Plutarch., *De Fortun. Alexandr.*, lib. II, § 2, t. II, p. 372 sqq. Wyttenbach.; voy. Boëttiger, *Andeutung.*, p. 204.

éprouva le désir de les surpasser , de les résumer toutes en sa personne ; et si le colosse du mont Athos ne reçut pas son accomplissement, ce ne fut sans doute pas faute d'un despote pour le vouloir, ni d'un architecte pour l'exécuter, ni même de flatteurs pour y applaudir.

Du reste, nous trouvons dans l'histoire de l'art moderne une circonstance à peu près pareille, qui rend plus vraisemblable le trait du colosse de l'Athos. On sait que Michel-Ange, occupé à faire extraire de la montagne de Carrare les marbres qui devaient servir à son colossal mausolée de Jules II, eut l'idée de sculpter tout un côté de cette montagne qui lui offrait une disposition favorable , et de la façonner en une statue qui eût été aperçue à une grande distance en mer : espèce de phare érigé des mains du génie , et monument digne, en effet de guider les navigateurs de la mer de Toscane vers la patrie des Médicis (1). Rappelé à Rome par l'impatience de Jules II, qui voulait avant de mourir voir son mausolée terminé , Michel-Ange fut obligé de renoncer à cette idée ; il n'emporta de Carrare que les blocs énormes dont il tira sa statue colossale de Moïse; comme s'il n'eût pu se dédommager qu'avec d'autres colosses , d'avoir perdu cette occasion de produire le plus grand , et peut-être de réaliser le plus fabuleux de tous.

Mais revenons à l'antiquité asiatique, dont nous avons à apprécier le génie. Ce qui nous frappe surtout dans la contemplation du peu de monuments qui nous en restent, ce qui en explique la proportion colossale, et ce qui en forme le trait caractéristique, c'est que tout y est subordonné à la personne du monarque, tout y est rapetissé en sa présence, tout y sert de piédestal à son image. Au-dessus de cette immense estrade formée de plusieurs rangs de satellites, ou de captifs , en attitude d'Atlantes, on ne voit figurer que le colosse du prince, avec l'emblème de Dieu : c'est l'expres-

---

(1) Cette anecdote est rapportée par Condivi, dans sa Vie de Michel-Ange, c. XXIV.

sion fidèle et naïve d'un état de société où la nation entière n'était qu'une sorte de piédestal ou de marche-pied du personnage royal; et quand les divers ordres de citoyens, représentés par autant d'individualités, toutes semblables, toutes uniformes, rangées et alignées parallèlement, comme des chiffres ou des unités numériques, apparaissent, dans une humble posture, sous une petite taille, le roi seul, dominant tout cet énorme échafaudage, se montre sous une stature gigantesque, au sommet de l'hiérarchie sociale, seul, vis-à-vis du symbole de la Divinité. On retrouve le même artifice pittoresque, le même phénomène moral, sur les bas-reliefs des Sassanides, exécutés à plusieurs siècles de distance, dans cette même montagne de Persépolis, et dans celles de Schapour et de Darab (1). On y voit encore la figure d'un prince d'une autre époque, tel que Sapor, se distinguant seul par une proportion colossale, par une forte saillie, du milieu d'une foule de personnages tous pareils, tous confondus sous une forme commune, qui diminuent de stature à mesure qu'ils s'éloignent du prince; comme pour signifier que c'est dans le prince même qu'est la source de toute grandeur : en sorte que cette décroissance graduelle des figures, calculée sur la distance où elles se trouvaient de celle du monarque, était ici une combinaison de l'orgueil, plutôt qu'un effet de la perspective. C'est ainsi que les monuments de l'antiquité persane deviennent pour nous l'expression figurée, la plus sensible et la plus curieuse, d'une forme de civilisation qui se résumait tout entière dans la personne d'un roi, et dont l'image devenait nécessairement colossale en se personnifiant dans un seul homme; tandis que, dans la Grèce, nous trouvons un phénomène tout contraire, et que nous y voyons les monuments de l'art, d'accord avec l'état de la société, nous montrer partout

---

(1) Ces sculptures, taillées dans un énorme rocher, près de Darab, ont été publiées dans le Voyage de M. Ouseley, t. II, pl. XXXV, p. 146-148.

l'homme libre, l'homme de la nature et de la vérité, sous des proportions ordinaires et sous des traits embellis; partout l'homme
et son image, dans toute la variété de formes, dans toute la liberté
de mouvements et d'attitudes que pouvaient comporter l'un et
l'autre; à la différence de l'Égypte, où le génie d'une théocratie
austère et sombre s'exprimait au moyen de colosses immobiles,
et de l'Asie, où le despotisme d'un seul homme, pesant sur toute
une nation, se traduisait matériellement par la même image.

La Grèce, aux plus beaux jours de son histoire, eut pourtant
aussi des colosses; mais ce fut en les traitant d'une autre manière
et en les rapportant à un autre principe. Il n'était pas possible
que le spectacle vraiment prodigieux d'un pays tel que l'Égypte,
couvert de colosses, n'agît fortement sur l'imagination d'un peuple
tel que les Grecs. Au penchant naturel que les hommes éprouvent
pour ce genre de monuments, se joignait l'effet irrésistible d'une
décoration si imposante, encore accru de cet éclat de marbres et de
matières diverses, de cette magie de couleurs vives et brillantes, sous
un ciel étincelant de lumière. Les Grecs développèrent donc à l'école
de l'Égypte ce goût inné pour les figures colossales, qui se retrouve
chez tous les peuples, mais surtout dans l'enfance des sociétés;
et, comme pour marquer la route qu'il avait suivie, en passant
de l'Orient dans la Grèce, le plus grand et le plus célèbre de tous
les colosses de l'antiquité, celui du *Soleil,* divinité orientale, s'é-
leva précisément dans l'île de Rhodes, sur le chemin de l'Égypte
et de la Grèce (1). On sait que ce colosse était une statue de
bronze doré, haute de cent cinq pieds, non compris la base; et
sans trop accorder aux témoignages d'admiration de l'antiquité,
on peut présumer, d'après le nom de son auteur, Charès, un des

______

(1) Les notions relatives à ce colosse se trouvent dans l'opuscule de Philon de
Byzance, *De sept. orb. Mirac.*, § IV, p. 14-19, avec les notes de ses éditeurs,
p. 97-109, ed. Orelli.

plus habiles disciples de Lysippe, que c'était aussi l'un des chefs-
d'œuvre de l'art. En effet, ce goût ne resta pas borné chez les
Grecs, comme en Égypte ou dans l'Asie, aux informes essais d'une
industrie naissante, ni au seul mérite de montagnes sculptées.
A mesure que la civilisation grecque fit des progrès, et que l'art lui-
même, qui en était l'expression, se perfectionna comme elle, ce
fut encore par l'exécution de colosses qu'il se signala, en y joignant,
au prix de la matière, celui du talent; en sorte que les cités les
plus opulentes et les plus habiles artistes rivalisèrent à qui pro-
duirait le plus de ces statues colossales, où l'on admirait à la fois le
choix des matières précieuses, le goût et le génie avec lesquels
elles étaient mises en œuvre. C'est en ce point surtout que la
Grèce se distingua de l'Égypte; là, les colosses n'avaient jamais
été que d'énormes masses façonnées, dont la hauteur et le
poids faisaient presque gémir la pensée, comme le sol qui les
supportait; que des roches entières de granit, où l'homme im-
parfaitement imité se reconnaissait moins encore à cette ébauche
de sa figure, qu'à la puissance de sa main, qu'à la persévérance
de sa volonté. Mais, dans la Grèce, des colosses de matières
précieuses étaient encore des chefs-d'œuvre de l'art, où la main
d'un grand artiste s'était imprimée jusque dans les moindres ac-
cessoires, et où, pour me servir des expressions mêmes d'un ancien, le génie qui avait produit une statue immense brillait encore
dans un détail imperceptible.

La *Minerve* du Parthénon, de Phidias, la *Junon* d'Argos, de
Polyclète, furent au nombre de ces colosses étincelants d'or, d'ivoire
et de pierres précieuses, peints de vives et brillantes couleurs, où
les plus puissantes républiques de la Grèce avaient employé une
partie considérable des trésors de l'état et des fruits de la liberté,
et où l'idolâtrie des peuples se plaisait à voir des chefs-d'œuvre de
l'art dans les monuments de la religion et de la fortune publique.
Mais ce fut le *Jupiter Olympien*, de Phidias, qui servit à marquer

le plus haut degré de perfection que cet art ait jamais atteint sur la terre. Le plus grand des statuaires produisit, en un colosse de plus de soixante pieds, l'image du plus grand des dieux, en y prodiguant à la fois tous les genres de mérite et de richesse. On peut dire sans exagération que le génie de la Grèce antique s'était résumé tout entier dans le colosse d'Olympie ; et il faut bien qu'à défaut du monument même, pour jamais anéanti, nous admettions le témoignage de l'antiquité, puisque Rome elle-même, Rome victorieuse et maîtresse de la Grèce, s'inclina et se sentit vaincue, devant l'œuvre de Phidias, dans la personne de Paul-Émile.

La ressource dont je viens de parler, l'avantage d'avoir eu pour un monument tel que le *Jupiter Olympien* un témoin tel que Paul-Émile, nous manque par rapport à tant d'autres colosses, d'un moindre prix sans doute, mais toujours d'un grand mérite, que posséda la Grèce antique, et dont il ne reste plus que de faibles et rares souvenirs dans son histoire. Tout ce que nous en savons avec certitude, c'est que la Grèce ne dédia jamais de colosses qu'en l'honneur de ses dieux. C'était chez les Grecs un privilége de la Divinité, d'apparaître sous des formes et dans des proportions supérieures à celles de la nature humaine ; et en cela, ce peuple, qui n'eut tant de goût que parce qu'il avait beaucoup de raison, se montrait conséquent avec le principe même de ses institutions, qui ne permettait pas qu'un citoyen s'élevât au-dessus des autres, et qui n'aurait pu souffrir que son image excédât la proportion commune. S'il y eut, dans la Grèce antique, quelques exceptions à ce système, c'est que les hommes que l'on représentait sous des formes colossales avaient cessé, en quelque sorte, d'appartenir à l'humanité. C'était après leur mort, lorsque, depuis long-temps, leur génie ne pouvait plus inquiéter la liberté, ni offusquer l'envie, que l'on rendait aux grands hommes des honneurs divins, qu'on leur érigeait des autels, quelquefois même des temples, où

leur image se produisait sous des formes colossales ; mais, dans ce
cas encore, l'art, en restant fidèle à son principe, se montrait
d'accord avec la religion, comme avec la politique, puisque les
hommes qu'il honorait ainsi étaient devenus presque des dieux.

Ce fut d'après les mêmes idées que les Romains se conduisirent
dans l'emploi des colosses ; mais ils ne se bornèrent pas à emprunter ce goût à la Grèce ; ils s'emparèrent des monuments mêmes
qui le produisaient ; et les premiers colosses qui furent érigés dans
Rome, furent des larcins faits à la Grèce. On sait qu'après la prise
de Tarente, d'où le vainqueur n'avait pu emporter le colosse de
Jupiter, en bronze, haut de quarante coudées (environ soixante
pieds), superbe ouvrage de Lysippe, Fabius Maximus s'en dédom-
magea, en enlevant un autre colosse d'*Hercule*, du même artiste,
et presque de la même proportion, qui fut érigé sur le Capitole,
et qui, plus tard transporté de Rome à Constantinople, n'a péri,
au xiie siècle, que par les mains des croisés nos ancêtres (1). Une
autre statue colossale de trente coudées, représentant *Apollon*, fut
enlevée plus tard par Lucullus, de la ville d'Apollonie, du Pont,
et placée pareillement au Capitole. Ce sont là les deux seuls exemples de cette pratique romaine que Pline ait cités, peut-être parce
qu'il lui répugnait de multiplier, à chaque trait semblable, les
preuves de l'injustice de Rome envers la Grèce. Il est certain, du
moins, qu'à l'exception du *colosse d'Apollon*, de style toscan, haut
de cinquante pieds, placé dans la bibliothèque du temple d'Auguste,
sur le Palatin, et d'un autre *colosse de Jupiter*, consacré sur le Capitole
par Spurius Carvilius, du produit du butin fait sur les Samnites,
Pline n'a pu citer aucun monument de ce genre, propre à l'Italie
ou à Rome elle-même ; d'où il suit que les colosses, en assez grand
nombre, qui se voyaient à Rome, du temps de Pline, sous Vespa-

____

(1) Plutarch., *in Fab. Maxim.*, § XXII; Strabon, liv. VI, p. 426, B; Plin., *H. N.*
XXXIV, 7, 18. Voy. Heyn., *Prisc. art. Oper. Constantinopol. exstant.*, p. 11.

sien , devaient être des dépouilles de la Grèce , comme ils étaient certainement des chefs-d'œuvre de l'art.

Mais à Rome, comme dans la Grèce, c'était uniquement aux dieux, et aux dieux du premier ordre, qu'était réservé le privilége des statues colossales. Les héros n'obtenaient que des statues d'une proportion plus forte que nature , telle qu'était cette statue érigée au grand *Pompée*, et placée dans sa curie ; la même, au pied de laquelle fut égorgé *César*, et qui, échappée, par le plus étrange concours de circonstances, aux ravages de tant de siècles , se voit encore aujourd'hui, presque intacte, dans le palais Spada à Rome. Mais l'orgueil des Romains ne pouvait long-temps se réduire à la proportion de ces statues héroïques, quand leur empire ne connaissait déja plus de bornes ; et la flatterie envers les empereurs, qui se signala de bonne heure, comme eux-mêmes, par des excès inouïs, ne pouvait se contenter de les traiter comme des héros , quand ils devenaient des dieux après leur mort, et presque de leur vivant. On vit donc bientôt à Rome des statues colossales érigées aux empereurs. Auguste lui - même, malgré la modestie qu'il affecta tout le temps de son règne, dans les habitudes de sa vie publique, et dans les honneurs qu'il recevait à titre de chef suprême de l'état ; Auguste, tout modéré qu'il était devenu dans l'exercice du pouvoir, après s'être montré si ardent à le conquérir, ne repoussa pas l'érection d'une statue colossale, qui fut, à ce qu'il paraît, placée dans son forum (1), et dont il n'est resté que la *tête*, qui se trouve aujourd'hui dans les jardins du Vatican (2). Mais en fait de figures colossales, des temps de l'empire, il n'y en eut point à Rome de plus célèbre, ni de plus remarquable, sous tous les rapports, que celle qui fut érigée par Néron, en son propre honneur, avec sa propre effigie, et placée dans le vestibule

---

(1) Martial, *Epigramm.*, VIII, 44, 7.
(2) *Mus. Capitolin.* Stat., t. II, p. 110-111.

de cet immense palais qu'il 'fit construire à la place où s'éleva
depuis le Colisée, et qui s'appela la *Maison dorée, Domus aurea.*
On me permettra d'entrer ici dans quelques détails sur ce monument, sans doute unique dans son genre, et qui occupe, à ce titre,
une place à part dans l'histoire de l'art.

C'était une statue haute de cent à cent vingt pieds; car
les mesures différentes données par les auteurs (1) varient entre
ces deux termes extrêmes. Néron, passionné pour les arts, mais
qui portait dans cette passion tous les vices de son caractère,
n'avait eu, en faisant un colosse à son image, d'autre idée que
celle de produire, moins encore un miracle d'art, qu'un prodige
de dépense; une œuvre extravagante, comme cet autre portrait
qu'il avait fait peindre sur une toile de *cent vingt pieds* de haut (2),
et, pour tout dire enfin, quelque chose de monstrueux comme lui-
même. Il ne se trouva d'artiste, capable d'exécuter un pareil
ouvrage, qu'un Grec, nommé Zénodore, dont le talent s'était
principalement signalé dans la Gaule par une statue colossale
de *Mercure*, chef-d'œuvre qui lui avait coûté dix années de travail.
Mais appelé à Rome, où Néron était disposé à prodiguer l'or et
l'argent pour la composition de son colosse, Zénodore ne put
réussir à l'exécuter qu'en bronze, attendu que le procédé au moyen
duquel on produisait, du mélange de l'or et de l'argent avec le
cuivre, un métal nommé proprement *airain de Corinthe*, était
alors entièrement perdu (3). Néron vit ainsi lui échapper l'occasion

---

(1) Voyez ces témoignages recueillis dans Nardini, *Rom. antic.*, t. I, p. 293,
ed. Nibby.

(2) Plin., *H. N.* XXXV, 7, 33 : Nero princeps jusserat colosseum se pingi CXX
pedum in linteo. Pline rapporte ce fait comme un trait de la *démence* de son siècle :
et nostræ ætatis *insaniam* ex pictura non omittam.

(3) Plin., XXXIV, 7, 18 ; voy. à ce sujet M. Thiersch, *Abhandlung.*, III, 311,
28, et la note des éditeurs allemands de Winkelman, *Geschichte der Kunst*, B.
XI, K. 3, § 7, VI, 2, 317, Anm. 1220.

qu'il avait cru trouver si belle, d'épuiser presque d'un seul coup tous les trésors de l'empire. Il fut réduit à se contenter d'un colosse de bronze, où l'artiste, à défaut d'un métal plus précieux, employa du moins tout son talent. Du reste, nous ignorons de quelle manière était conçue cette statue, qui représentait *Néron* lui-même, nu sans doute avec la chlamyde, ou le manteau sur l'épaule gauche, et debout, sous les traits du *Soleil* (1); mais il fallait qu'elle eût, indépendamment de ses proportions gigantesques et de sa valeur intrinsèque, un grand mérite sous le rapport de l'art, puisque les nombreuses vicissitudes, les déplacements divers qu'elle éprouva, ont été soigneusement consignés, comme autant d'événements historiques, dans les annales du temps.

Après la chute et la démolition de la *Maison dorée* de Néron, ce colosse, qui paraît avoir été alors grièvement endommagé, fut réparé par Vespasien, consacré de nouveau au Soleil, sans doute au moyen d'un cercle de rayons dorés ajouté à la tête, et érigé sur la *Voie sacrée*; c'est à cette place que le vit encore Martial (2), qui écrivait sous Domitien. Plus tard, lorsque Hadrien voulut bâtir son temple de Vénus et de Rome, qui subsiste encore aujourd'hui en partie, il fit transporter ailleurs ce colosse, dont la présence était un obstacle pour cette construction; et l'histoire contemporaine a conservé le souvenir d'un *immense appareil* mis en jeu par vingt-quatre éléphants, dont on se servit pour opérer ce transport (3). On a ignoré jusqu'à nos jours en quel lieu le colosse avait été placé à cette occasion. Ce n'avait pu être qu'au voisinage de l'amphithéâtre Flavien, puisque c'est, de ce voisinage même, qu'est

---

(1) On peut s'en faire une idée d'après la statue du Soleil, de notre musée du Louvre, n. 406, qui fut trouvée, en 1769, à Torre Nuova, près de Rome, et qui doit être un ouvrage du troisième siècle.

(2) Martial, *De Spectac.*, II, 1.

(3) Spartian., *in Hadrian.*, c. 18 : Ingenti molimine ita ut etiam operi elephantes viginti quatuor exhiberet.

venu le nom ancien de *Colosseum*, et le nom moderne de *Colisée*,
donné à cet édifice. C'est seulement en 1829 qu'on a découvert
la base où ce colosse fut élevé par Hadrien, en face de la *Meta
sudans*, à l'angle même de la *Voie sacrée* et de la rue qui passait sous
l'arc de Trajan, aujourd'hui l'arc de Constantin. C'est sans doute aussi
à cette place qu'il a péri, mais non pas sans avoir encore éprouvé plus
d'une métamorphose, telle que celle qu'il eut à subir, sous le règne
de Commode, indigne fils de Marc-Aurèle, mais digne successeur
de Néron, qui enleva l'ancienne tête du colosse, pour y substituer
la sienne, en même temps qu'il y ajouta une *massue* à la main du
dieu, et un *lion* à ses pieds, pour transformer la figure entière
en *Hercule* (1); car, dans ces fréquentes révolutions de l'empire,
on changeait les têtes des statues, comme on abattait celles des
empereurs, avec la même facilité; et de là vient qu'il nous est
resté tant de têtes impériales destinées à figurer sur le même buste,
lesquelles s'enlevaient sans peine et se succédaient sans inconvé-
nient, à chaque avénement nouveau; et plus d'une des personnes
qui m'écoutent ont pu voir comme moi une belle collection de
ces têtes de Césars, qui avaient servi à cet usage, et qui gisent
maintenant dans les magasins du Vatican.

A partir de l'époque que j'ai indiquée, l'histoire se tait sur le
compte de notre colosse; mais aussi la barbarie, qui s'avançait à
grands pas, n'était plus propre qu'à détruire. Cependant, il s'est
conservé jusqu'à nos jours une tête colossale, en bronze, de Commode, qui, d'après ses proportions, ne peut avoir appartenu qu'à
une statue pareille; d'où il suit que c'est la même tête, échappée,
par un de ces miracles qu'on n'aurait pas souhaités pour les images
de Commode, à la proscription dont elles furent l'objet, et aux
longues dévastations du moyen âge, qui fut jadis placée sur le
colosse de Néron. Elle se voyait, au quinzième siècle, dans l'ancien

---

(1) Dion Cass. l. LXXII, 22, p. 1222, ed. Reymar.

palais de Latran ; elle est aujourd'hui dans la cour du palais des conservateurs du Capitole ; et c'est là qu'on peut observer, dans cet énorme débris d'un colosse, un des plus rares monuments des vicissitudes humaines. Près de là, dans cette même cour du Capitole, se voient encore des fragments d'un autre colosse impérial, en marbre, d'un travail romain admirable ; la *tête* est celle de Domitien, et il reste encore de la figure, *une main, deux pieds, un bras, une jambe* et *un genou* : image frappante de ce grand colosse de l'empire romain, mis en pièces par les Barbares, dont les membres épars avaient couvert la face du monde entier, et dont la chute se montre encore palpable, au faîte même du Capitole, dans ces débris d'une statue colossale d'empereur.

Si nous avions à suivre les colosses dans l'histoire de l'art moderne, après avoir franchi le moyen âge, où nous apparaîtrait, comme dans un abîme, la figure isolée du gigantesque saint Christophe, c'est encore en Italie qu'il faudrait nous arrêter ; et nous y retrouverions des colosses marqués de la double empreinte du christianisme et de l'antiquité. Il n'est pas de voyageur, descendant en Italie par le Simplon, qui n'ait salué avec transport un de ces monuments, placé sur le seuil même de la patrie des arts, qui n'ait contemplé avec émotion, sur une colline dominant au loin le lac Majeur, en face des îles Borromées, le colosse de saint Charles Borromée, haut de cent douze pieds, avec sa base, protégeant de son grand souvenir et de son imposante figure le beau pays qui l'a vu naître, et projetant une noble pensée d'art et de religion sur un admirable paysage. Plus loin, l'artiste qui a poursuivi son chemin vers la Toscane, et que l'étude et l'enthousiasme arrêtent à chaque pas sur cette terre sacrée des beaux-arts, peut admirer encore, dans la solitaire et délicieuse villa de Pratolino, le colosse de l'Apennin, production extraordinaire de Jean de Bologne. Pour donner ici une idée de cette œuvre gigantesque à ceux qui ne la connaîtraient pas, ou pour la rappeler à ceux qui l'ont vue, je n'aurais qu'à emprunter la main d'un de nos confrères, qui sait se servir de la plume comme du pinceau et du burin, pour exprimer ses pensées (1); mais peut-être qu'à la seule impression qu'ont pu éveiller dans vos esprits le nom de ce colosse et le génie de son auteur, il vaut mieux encore laisser au souvenir ou à l'imagination le soin de se représenter le géant de l'Apennin, tel qu'il put sortir des mains puissantes de Jean de Bologne; et si l'un et l'autre, en s'efforçant d'atteindre à la hauteur du modèle et au mérite de l'ouvrage, restent au-dessous des proportions du colosse et des facultés de l'artiste, c'est un de ces mécomptes qui plaisent et qui intéressent, encore plus qu'ils ne confondent; car il y a du charme jusque dans cette impuissance à embrasser toute la portée d'un grand ouvrage. Si l'homme, qui se trouve trop petit en présence d'un colosse, souffre de cette comparaison, l'abaissement même où le réduit un monument d'une main d'homme, le relève, le grandit à ses propres yeux; et il y a toujours quelque chose de doux, de flatteur même pour notre amour-propre, à se sentir vaincu et à s'humilier devant une œuvre du génie.

_____

(1) Castellan, *Lettres sur l'Italie*, t. III, lett. LXVI, p. 252-258.

qui font vert, je n'aurais qu'à considérer la main d'un de mes
confrères; [illegible] de servir de la même teinte comme du pinceau et
[illegible], pour apprécier son ton, [illegible] mais peut-être qu'à la
[illegible] impression qu'[illegible] [illegible] [illegible] de ce
[illegible] de le génie [illegible], il [illegible] faut [illegible] excepté laisser au
[illegible] sur l'imagination, le soin de [illegible] représenter le génie de
l'écrivain, tel qu'il [illegible] la [illegible]
[illegible] de l'âme [illegible] la hauteur
du [illegible] jusqu'au plus profond des [illegible] des pro-
[illegible] c'est là de ces mots
[illegible] qu'à plaisir [illegible] encore plus qu'ils ne
[illegible] entre la [illegible] d'une grande ouvrage. Si l'on met
qui se trouve trop [illegible] d'une ouvrage colossal, souffre de
cette comparaison, l'habileté [illegible] le réduit en mona-
[illegible] d'une [illegible] d'histoire [illegible] le grand à son propre
[illegible]; et il sait [illegible] quelque [illegible] et [illegible] un
pour ne [illegible] devant
une oeuvre du génie.

[illegible] Quintilien [illegible] (VII) [illegible]